ORACIONES DE VENERACIÓN

VOZ

Escrito por Pixie Lighthorse
Traducción Catalina Sánchez-Frank

Lighthorse Publishing, 2020
Redmond, OR. E.E.U.U.

© 2020 Pixie Lighthorse
Traducción: Catalina Sánchez-Frank
Todos los derechos reservados.
Hecho en E.E.U.U.

Primera Edición en Inglés, 2017

ISBN: 978-1-7347492-0-5

Diseño de la Cubierta: Heather Dakota
Diagramación: Twozdai Hulse

Lighthorse Publishing
SouLodge Ranch, LLC
Redmond, OR 97756
www.pixielighthorse.com

Para las guerreras y guerreros del alma, quienes se aferran a su fe para cuidar de las necesidades de los demás y del planeta.

"Oraciones de Veneración VOZ es una compañera tierna. Da forma a tus pensamientos y deseos más profundos. Apoya tu relación con el Creador y con tu propio espíritu. Estoy agradecida por este librito y quien lo escribió."

– Susan Sanelli Hammack, artist/facilitator.

"Oraciones de veneración de la VOZ contiene momentos de reflexión que nos liberan de todo lo que nos acosa, de las cargas que adjudicamos o se nos adjudican. Las preguntas al final de cada punto cardinal conducen al trabajo de autoconocimiento, buscando claridad en nuestro obrar sin dejar de lado el agradecimiento permanente que nos debe acompañar siempre."

– Mimi Gallego Correa. Poetisa. Cali, Colombia.

"Cada oración es un proceso de introspección y revelación sobre aquello que se desea y, muchas veces, no somos capaces de expresar. Es la voz del alma en oración; un recorrido de gratitud hacia aquello que se desea manifestar."

– Ximena Beltrán G. - Fundadora Movimiento Vida y Bliss @vidaybliss. Bogotá, Colombia.

"En Oraciones de Veneración de la Voz hay invitación para entregar lo que ya no funciona, sea pensamientos, hábitos o reacciones, y abrazar lo que requiere nuestra alma, para ser integrados y vivir intencionalmente. Una bella y tierna práctica y rezos de valor para cada ser."

– Mayra Stearns Maestra de bellas artes. Bend, Oregon.

"La profundidad de 'Oraciones de Veneración Voz' me da tanta fe en nuestra tierra sagrada y la humanidad. Esta guía espiritual puede tocar tu alma y hasta ayudar a crear espacio internamente para llegar a nuestra sabiduría ancestral y atesorar los mensajes de todo lo que es Divino en este mundo. La traducción de Inglés a Español es tan fluida y leyéndolo sientes todo con alma, corazón y el poder de la voz."

– Bella Martinez, Madre y Terapeuta Somática.

"Me encantó leer Oraciones de Veneración de la VOZ! Lo que lo hace tan especial, es que las oraciones son profundas, hermosas y apoyadas por preguntas que te invitan a reflexionar y avanzar en tu camino de crecimiento espiritual . Leerlo se siente como cuando te cubres con una manta acogedora y te tomas una deliciosa taza de te. Este hermoso libro hace ahora parte de mis mañanas de meditación y oración."

– Giselle Taminez - Wellness & Mindset, Coach North Bethesda, MD.

"Pixie logra crear con cada oración un diálogo con lo divino. Este libro es una guía que nos recuerda que nuestra VOZ es un canal directo tanto para conectar con la esencia divina, como para servir al mundo. Trayendo unión, amor y comprensión a todos aquellos que la escuchen."

– Brenda Barquet, Instructora de Yoga.

"Escuché mi VOZ en cada una de las oraciones, conectándome no solo con las palabras sino con mi propio ser."

– Kendra Rinaldi, Anfitriona de Podcast, Grief, Gratitude & The Gray In Between. Dallas, Texas.

"A la autora, Pixie, y a Catalina, quienes hicieron posible esta versión que hoy podemos leer en español: Me inclino ante ustedes en un acto de respeto, identificación y especial gratitud por poner a nuestra disposición estas oraciones llenas de espiritualidad y sabiduría que nos ayudan a restablecer lazos de conexión con nuestra esencia pura y divina. ¡Namasté!."

– Catalina Holguin - Instructora de Meditación, Hatha Raja Yoga y Maestra Reiki. Cali, Colombia.

"Éste libro llegó a mi vida para guiarme en mi camino de vuelta a mi casa, mi alma. Cada poderosa oración hace vibrar cada célula de mi cuerpo de agradecimiento y me inspira a conectar con mi esencia. Mi más profundo deseo es que cada ser humano en el planeta pueda encontrar éste poderoso libro y recibir su medicina."

– Glorymar Gonzalez, Mentora de Sanación del Alma, Co-creadora de mi vida.

CONTENIDO

Introducción VI
Prólogo 2
Cómo Usar Este Libro 4

Oriente 7
Venerando El Riesgo 8
Venerando La Humildad 10
Venerando El Amor 12
Venerando La Espontaneidad 14
Venerando La Curiosidad 16
Venerando La Claridad 18
Venerando La Confianza 20
Anotaciones Del Diario Del Oriente 22

Sur 33
Venerando El Respeto 34
Venerando La Honestidad 36
Venerando La Abogacía 38
Venerando La Práctica 40
Venerando La Creación 42
Venerando Los Votos 44
Venerando La Canción 46
Anotaciones Del Diario Del Sur 48

Occidente 59
Venerando El Mérito 60
Venerando La Tristeza 62
Venerando La Rabia 64
Venerando La Ansiedad 66
Venerando El Miedo 68
Venerando La Profundidad 70
Venerando La Transformación 72
Anotaciones Del Diario De Occidente 74

Norte 85
Venerando La Sensualidad 86
Venerando La Madurez 88
Venerando La Responsabilidad 90
Venerando La Seguridad 92
Venerando La Gracia 94
Venerando La Observación 96
Venerando La Restauración 98
Anotaciones Del Diario Del Norte 100

Agradecimientos 111

INTRODUCCIÓN

Orar es una manera de visualizar nuestro propósito. Este libro se enfoca en reforzar la voz personal a través del diálogo con la presencia divina, para poder reclamarla y ponerla a trabajar. Al haber sido robada, oprimida, manipulada, modificada, clausurada y silenciada por miles de años lo que surge de nuestra boca no siempre es claro o verdadero. Se sobreentiende que somos responsables de mejorar nuestra comunicación a través de la práctica. Existe hoy una necesidad creciente de hablar con claridad y desde el corazón.

Existe la noción errada de que el empoderamiento de la voz significa expresar pública e íntimamente cada pensamiento o queja que manifiesta la mente. Este no es un libro de empoderamiento personal, aunque apoya el empoderamiento de las relaciones: la curación nace del expresar lo que sana y presta ayuda, consciente y directamente hacia la fuente idónea, que permite ver el contenido del corazón. El empoderamiento de las relaciones en este contexto se enfoca en crear. Puede que el empoderamiento personal se genere o no: puede ser destructivo, cruel, vengativo, o sumido en argumentos de lo correcto e incorrecto; puede ser negativo, castigador, agresor o abusivo. La oración tiene el potencial de abrir canales con tu versión personal de la Fuente Divina de Vida, para iniciar un diálogo que, ojalá, te lleve a muchos más diálogos con aquellos con quienes te relacionas.

He llegado muchas veces a la conclusión que la pérdida del habla viene del miedo: Miedo a lo que piensen los demás, a lo que pensaremos o creeremos acerca de nosotros mismos, a lo que nos pasará si expresamos nuestra opinión, a las compuertas que se abrirán si no ocultamos nuestros sentimientos o nuestra historia personal. Parece que existe un miedo tremendo a contar nuestras historias y a mostrarnos vulnerables al apropiarnos de ellas. Este es el momento de decir todas estas cosas. Es tiempo de sanar lo que ha estado esperando cura.

La rehabilitación de nuestra voz puede iniciarse tomando un inventario detallado de lo que reposa en el corazón. Determinar si el asunto que allí se encuentra es pesado, liviano o neutral, puede generar un momento de pausa para considerar lo que pueda llegar a ocurrir cuando se haga el intento de interpretarlo, con miras a entender a los demás. El miedo usualmente sale a la superficie y grita fuerte. El resentimiento silencioso toma el lugar de la definición de expectativas. Las actitudes defensivas abundan. El diálogo corrosivo crea turbulencias en las tripas. El cuerpo eventualmente cuenta la historia de lo que ha sido relegado al sótano de la psiquis, con una variedad de síntomas y dolencias.

Se requiere mucho coraje para salirse de la narrativa usual y llegar al equilibrio.

La garganta, un centro energético localizado tan sólo más al norte del corazón y a un salto más abajo de la mente, se encuentra en una ubicación precaria en el cuerpo. Sígueme por un instante: Consideremos la mente por ejemplo como una máquina, un telégrafo directo al corazón. Imaginemos que el corazón hace su primer dictado. La mente traduce esta información vital en forma de lenguaje al sistema auditivo de voz, de donde esperamos se transmita el mensaje tal cual lo precisó el corazón, si esta es la prioridad. Este es un buen momento para parar y preguntarte: ¿Cuáles son tus prioridades de comunicación? ¿Qué te motiva?

El corto viaje, del corazón a la mente y a la garganta, toma sólo segundos; sin embargo, pueden suceder muchos desvíos en la ruta. Esto puede ocurrir porque el miedo que reside en la mente es como un ingeniero de vías, dirigiendo los asuntos genuinos de nuestro corazón y causando estragos en su intento por salir del cuerpo humano. Hay otros delincuentes que tientan quien viaja vulnerablemente a salirse del camino: la inseguridad, la ansiedad, la timidez, la fragilidad del ego, pero, en realidad, todas son primas ocultas del miedo cuando se les retira de la sombra.

Algunos miedos están ligados a experiencias traumáticas primordiales que pueden estar aún enterradas. Estas requieren atención especial cuando se esté realizando el trabajo de Voz.

Pienso que la mayor distracción entre el corazón y la mente puede ser la falta de fe, porque las instituciones religiosas han reencausado efectivamente el foco de la fe hacia lo que es correcto, incorrecto o político. La fe en el amor y lo que éste puede lograr han tomado una posición destructiva y relegada a las prioridades de organizaciones masivas, con otros asuntos prioritarios distintos a la bondad amorosa, la comunicación pacífica, las resoluciones justas, el bienestar y las voces expresivas de los seres humanos vivientes.

Para quienes están traumatizados espiritualmente, sufren de un corazón roto y del alma herida, el proceso de revelar lo que reside en su corazón puede ser un desafío paralizante. Para limpiar el camino de huellas negativas, se debe declarar la intención de expresar lo que consideramos más importante y darse a la tarea de descifrarlo. Podrías ahora mismo dar el paso de enfrentarte a los miedos que exprimen tu verdad con expresiones más agradables hacia los demás, o explotando de ira, o congelándote, o saliendo a correr.

Amar la verdad por sobre todas las cosas es fundamental.

Esconderse detrás del miedo y de experiencias traumáticas pasadas, en lugar de hablar con la intención de sanar, es entendible, ya que estos obstáculos proveen un alivio familiar actuando como escalas evasivas, claves para convencernos con naturalidad. La búsqueda de una medicina efectiva actúa como el suero de la verdad que nos transforma a tomar nuestro compromiso por mantener relaciones limpias y sanas, incluyendo la relación personal propia.

Las herramientas reparadoras envían una señal continua de mensajes a la mente sobreprotectora, indicando que el espíritu está al mando de lo que transita en la autopista entre el corazón, la mente, la garganta y los demás aspectos. Imagina un mundo en el cual nuestros espíritus gobiernan nuestra expresión.

Una pregunta que vale la pena considerar es: ¿Qué representamos o a quién servimos, si no es al conocimiento del espíritu del Amor Divino?

Tal vez sea una fantasía decir que quienes somos como seres espirituales puede determinar lo que decimos y a quién lo dirigimos. Imaginémoslo por el solo hecho de aprender algo nuevo. Si podemos apostarle a creer que somos espíritus en forma humana, tal vez sea posible pensar, decir y actuar con más propósito y mayor atención al impacto que obtenemos.

En el camino a descubrir herramientas que apoyen la función y el propósito de la voz como servicio al espíritu, también he descubierto que las emociones auténticas necesitan un espacio seguro para salir a jugar. Lo que anhela ser dicho en voz alta, tiene una manera de decirse más segura a través de la práctica.

He escrito las oraciones en primera persona, en contraste con mi primer libro, porque son personales y se posan mejor en el alma. Mi deseo es que algo pueda soltarse y se libere en tu interior cuando las leas en esta forma.

Ha sido mi experiencia que, purificar las vías a través de la oración, guía la energía hacia arriba por entre las palmas de los pies desde el centro de la Tierra, y abre el chakra coronario para que la comunicación divina fluya. Imagina nuestro alcance infinito cuando nos rendimos a las energías que existen Arriba y Abajo.

Este libro fue escrito durante un período de agitación política, civil y de los derechos humanos aquí en los Estados Unidos.

Mientras lo escribía, rondaba la idea de que cuando se pide intervención divina desde algo más profundo que simplemente lo que se desea, el resultado es que nos convertimos en una fuente personificada para el ser, la humanidad y la Tierra (la gran proveedora de todas nuestras necesidades que es ella).

Cada una de las oraciones es parte de una conversación íntima. Tal vez alguna, espero, te inspire a desenterrar y expandir tu propio ser como sujeto. Deseo que esta colección te dé fuerza y consuelo mientras veneras tu instrumento sagrado: tu voz. Confío en que suavice la manera como te hablas e inspire muchas conversaciones con tu propia versión de Fuente de Vida, y con todos a tu alrededor.

Pixie Lighthorse, 2016.

PRÓLOGO

Estoy convencida y creo firmemente en la sincronicidad del universo para hacernos llegar, en el momento perfecto, la información exacta que debemos conocer, que necesitamos para ejecutar la acción requerida y para decidir el camino a seguir. En un instante perfecto como este, inició este maravilloso proyecto de colaboración.

Sucedió una tarde de clase de yoga, cuando, para facilitar el sostenimiento de una de las poses a través de la distracción de la mente, la instructora leyó una de las oraciones del libro "VOZ – Oraciones de Veneración" de Pixie Lighthorse. En ese instante sentí el hechizo. Escuché la voz del Creador conectando con mi voz interior, enunciando claramente aquello que tantas veces me había repetido mentalmente y que, posando sobre la superficie, esperaba ahí el momento indicado para adquirir forma y vida. Recibí confirmación al sentimiento de haber comenzado un proceso de reencuentro con mi esencia, activando un nuevo aspecto de mi ser: La valentía de explorar la vulnerabilidad de mi propia voz y ser, por fin, yo misma.

Atribuyo este despertar a la maravillosa obra de Pixie y, en particular, a "VOZ", el libro que hoy está en tus manos. En sus oraciones, Pixie nos entrega las coordenadas para ubicarnos en la dirección a la Divinidad; la Fuente que conoce el mensaje perfecto para invitarnos a continuar explorando la aventura de nuestra propia vida, a través de la práctica diaria de la oración.

Espero que este trabajo traducido al castellano, provoque en ti los mismos sentimientos y revelaciones que Pixie cultiva en su versión original. He sido fiel y cuidadosa de interpretar su sentido, de seguir su estilo y de vislumbrar su intención, para que tu experiencia sea tan real como la mía. Para que, en cada lectura y reflexión, sientas la seguridad de alzar la voz de tu propia verdad. Me hace inmensamente feliz pensar que será así.

En eterno agradecimiento a la autora por confiarme esta delicada labor y por apoyar su publicación en nuestro idioma,

Catalina Sánchez-Frank
Bend, Oregon. E.E.U.U.
2020

CÓMO USAR ESTE LIBRO

VOZ es un compañero para mantenerlo cercano al corazón, en la búsqueda para extraer tus expresiones más sagradas de sus escondites. Es tu asistente humilde que trabaja para crear condiciones favorables mientras activas y defiendes causas que requieren contiendas - incluyéndote. Tu salud y serenidad son una causa digna, como lo son la salud de la Tierra y la de tus seres queridos. Lo escribí para que fuera tu sostén, apoyo y confidente.

Te has estado comunicando toda la vida. Las experiencias, especialmente aquellas formadas por patrones repetitivos y traumas tempranos, tienen una manera particular de requerir que nos ajustemos, que cedamos, que pongamos en suspenso nuestros verdaderos sentimientos, que nos mordamos la lengua, que atemos nuestra vulnerabilidad y arriesguemos nuestra fe.

Las verdades que se encierran herméticamente detrás de puertas selladas, requieren de dinamita y fuerte artillería para ser escuchadas. Tristemente, parece que se secuestraran voluntariamente, avergonzadas después de su explosión o implosión. Nuestra naturaleza nativa ha sido callada tantas veces y nuestros cuerpos lo pagan caro. Usa este libro para reconstruir tu voz y regresar a tu esencia original.

Para mejores resultados, toma nota de cuáles oraciones te entusiasman y cargan de energía. Dobla la página de aquellas que te reconfortan y re-léelas. Observa cuándo una verdad insiste repetidamente en llamar tu atención.

Tal vez subrayarás las frases que acaricien tu sabiduría. Tal vez tacharás las partes que no representen potencial de crecimiento para tí. Tal vez encontrarás cuáles palabras describen tu relación exacta con lo que te es más preciado. Tal vez lo compartas con tu concilio, tu círculo, tus seres queridos. Tal vez arrancarás las páginas y las dejarás para que otros las encuentren y creen arte con ellas.

Quiero invitarte a interactuar de cualquier forma que sientas necesaria. Te ayudará a discernir lo que conjura un terremoto de pasión en tu interior. Tal vez te ayude a hacerte las preguntas necesarias, a la vez que examines los imperfectos sistemas políticos, religiosos y familiares en los que vivimos.

Cada sección de oraciones está alineada con las enseñanzas de las Cuatro Direcciones, dado que hay estaciones en las cuales la voz evoluciona: Las etapas tempranas de nudos en la garganta, ojos aguados y valentía prestada, las etapas secundarias de trazar un plan razonable y tomar acción, la etapa cruda y humilde de la vulnerabilidad, y el momento en que somos capaces de adoptar un nivel más alto de responsabilidad por lo que comunicamos. Si logras reconocer hacia dónde te orienta la brújula, da un giro hacia esa dirección y trabaja en esas siete oraciones. Siéntelas y ensáyalas.

En las páginas en blanco, considera dibujar una representación de lo que la oración te muestra, o crea un collage con las palabras que te imaginas diciendo en voz alta. Escribe poesía o prosa, lo que te fluya más fácilmente. Escribe tus rabias, tus frustraciones y decepciones- deja que el libro las retenga por ti. Escribe tus propios descubrimientos.

Las reflexiones para anotar en un diario, al final de cada sección, están diseñadas para llevarte a niveles más profundos en cada etapa. Documenta tus respuestas tan pronto los sentimientos y pensamientos surjan. Trabaja con este libro como si fuera una partera o un maestro que te está ayudando a enamorarte del diálogo con la Divinidad.

ORIENTE

Estación: *Primavera*
Elemento: *Aire*

En el Oriente quien busca la aventura, se detiene al borde del precipicio de lo desconocido con entusiasmo inaudito: la emoción de las posibilidades, el miedo, la trepidación y la imaginación de lo que está por venir. Es el momento de reconocer riesgos, evaluar climas favorables y dejar atrás la comodidad para honrar lo que es verdadero. De cara al amanecer, saluda el día con el coraje de la autoconfianza. Admira a aquellos que ya han caminado el sendero que desea recorrer, y toma nota. Crea las rutas que han de ser pavimentadas. Apunta su brújula en la dirección de los cambios que quiere experimentar y se prepara para la exploración.

Venerando El Riesgo

Gracias por este día perfecto para aprovechar las oportunidades.

Bendice los corazones que entran en el túnel del pensamiento y sus canales alternativos.

Ayúdame a entender que al guardar silencio me disminuyo. Guíame en la composición de mis ideas y pensamientos, sin preocuparme por quién va a reaccionar, o cómo. Ayúdame a abrirme al rechazo o a la indiferencia que pueda surgir al expresar mis primeras ideas y sentimientos. Muéstrame los verdaderos peligros, pero evita que invente otros que me inmovilicen. Ayúdame a agrupar los pensamientos que se originan en mi corazón.

Apóyame mientras me enfrento a lo desconocido. Fortalece mi relación con la incertidumbre, formando una pirámide con mis cimientos. Recuérdame que soy similar a los que ya partieron, saliéndome de mi zona de confort para atraer nuevas posibilidades. Replantea mis miedos y posa mis pies sobre el camino por delante. Dame un empujoncito cuando lo necesite. Ayúdame a ser un ejemplo ante quienes esperan que los guíe en la fe.

Abre mis brazos ampliamente y mi corazón aún más, para que pueda descubrir con autonomía. Engrandece mis opciones para hablar desde el amor. Haz que la medicina curativa se alce hasta llegar a mi voz.

Recuérdame que no existen argumentos sanadores para proteger a aquellos que nos han causado daño. Ayúdame a decir las cosas que nadie puede decir por mí. Y permíteme recordar que admitir la verdad es tan importante para mis oídos cómo para quienes escuchan.

Estoy a punto de estrenar una nueva manera de ser. Pavimenta mi ruta con claridad y confianza. Marca el camino con plumas y pistas para acceder a todas las avenidas de la curiosidad.

Incita continuidad en mi esfuerzo para fortalecer la costumbre de hablar en primera persona. Que mi promesa de intentarlo, cuantas veces sea necesario, revele mi voto de libertad. Que mis errores sean mis maestros. Ayúdame a reestructurar más clara y sinceramente las cosas que hubiera querido decir. Permite que me pueda dar el lujo de segundas y terceras oportunidades.

Motívame a caminar con la cabeza en alto: No para ir directo a la guillotina, sino para estirarme a hermosas larguras, a fin de saludar lo que se avecina.

Venerando La Humildad

Gracias por este día de perdón hacia mí y hacia los demás. Concédeme sabiduría para fortalecer mi ego. Prepárame para recibir los comentarios sobre el impacto que mis palabras y acciones hayan causado. Ayúdame a auto-corregirme. Deja que acepte mis equivocaciones y que enmiende mis errores. Ayúdame a hacer los ajustes necesarios y a encontrar naturalidad en mis dones de compasión y piedad. Hazme maleable. Haz que me preocupe por la huella que voy dejando.

Céntrame para escuchar con respeto las voces de los demás, y deja que mi opinión pase de vez en cuando al segundo plano. Recuérdame que mis seres queridos tienen sus propios caminos por recorrer y que no siempre necesitan escuchar mi consejo. Ilumíname para saber cuándo brindar ayuda compartiendo mis experiencias aprendidas y cuándo dejarlos aprender a su propio ritmo. Permíteme recordar que escuchar es un don que me concedo y que debo ofrecerlo con generosidad y aprecio. Deja que demuestre mi solidaridad, poniendo a un lado mis distracciones. Ayúdame a esperar mi turno.

Inspírame con tus hormiguitas, tus gorrioncillos, tus modestas pavas reales - aquellos que llaman la atención humildemente. Recuérdame los mensajes poderosos de aquellos de plumajes silenciosos. Evidencia la elegancia, aunque el despliegue no sea grandioso. Recuérdame que hay momentos para delatar mi presencia y otros para pasar la batuta.

Enséñame a mostrar sencillez espontánea en presencia de las oportunidades divinas: un niño que hace mil preguntas, una amiga que tiene un complicado dilema, nuevos padres que pasan por circunstancias inesperadas, una situación social que requiere activismo. Concédeme la aptitud de oír el llamado a actuar, a aceptar, a agradecer, a ser amable y a recibir con los brazos abiertos las nuevas formas de inteligencia. Instaura en mí la funcionalidad de no tener todas las respuestas.

Favoréceme para ser aprendiz sin pretensiones. Recuérdame que puedo solicitar ayuda en cualquier momento. Dame la voluntad para ser vulnerable en mi estado de búsqueda. Ofréceme la valentía de acercarme a aquellos que tengan el mapa para guiarme.

Permite que nunca posea todo el saber. Bendice mi aventura mientras escucho, aprendo y agrando mi fe en los procesos de la vida.

Venerando El Amor

Gracias por este día de vasta expansión en mi corazón. Gracias por ayudarme a recostarme cómodamente en el amor infinito, y por mi habilidad nata de inspirarlo.

Hay veces que me cuesta hablar sobre lo que amo porque siento miedo de que mis expresiones de afecto no sean apreciadas, ni correspondidas. Ayúdame en este momento a darme cuenta que el amor solo viaja en una dirección – hacia mi exterior. Y eso es lo único importante. Sé que lo que yo dé, regresará en su propia forma o tal vez de una forma diferente a la que yo tenga pensada. Ayúdame a creer que existe suficiente amor para mí. En los espacios vacíos, en los que el amor me ha abandonado, déjame conjurar mi fe para abrirme a todas las formas posibles de amar, esas que se mueven constantemente a mi alrededor y por dentro de mí.

Arropa mi lenguaje en las túnicas sagradas de la adoración. Llena mi boca con tributos honestos para colmar a los demás con generosidad. Sé que puedo ser un vaso abierto pese a las tantas veces que he sufrido. Ayúdame a recordar que no fue el amor el que causó mis heridas, sino la ausencia del amor lo que causó mi dolor. Enséñame a aumentar mi compromiso con el amor.

Ayúdame a cantar los hechizos de devoción y éxtasis que siempre han existido en mi interior, desde antes del viaje en el que adquirí mi forma actual. Ayúdame a entender que el Amor Divino es un nutriente esencial para animar y florecer. A partir de este momento, haz que me halle en el ejercicio de servir para amar y que jamás demuestre lo contrario.

Facilita en mi lengua el discurso de la ternura. Comprométeme cada vez más a su causa digna. Cuando me desafíen sentimientos de miedo, odio, desprecio, justificación y objeción, presiona el botón de pausa sobre mi deseo de gritar. Recuérdame que el regalo más valorado por la humanidad es el amor, y que obsequiarlo en los momentos más difíciles significa darle rienda para que controle mi voluntad. Ayúdame a pensar en los mantras de alta estima cuando se me olviden.

Ayúdame a aprender a dar y a recibir tu tesoro más sagrado.

Permíteme ser doctrinal en tan solo una cosa: Apostarle al amor y repartirlo generosa y excesivamente.

Venerando La Espontaneidad

Gracias por este día de libertad para caminar sobre un sendero inesperado y dinámico. Siento ansias de saber hasta dónde llego contigo. Perdámonos tentando al destino con festejos e impulsividad. ¿Qué expresiones se manifestarán cuando me invada la fascinación espontánea, sin censuras?, ¿Cuando yo sea la "lleva" y persiga a los demás? ¿Qué pasará cuando mi ferocidad se interprete como ofensiva? Acércate y susúrrame que hay lugar para mi rebeldía. Encomiéndame a sanar mis errores o los chismes que haya creado con mis expresiones naturales de picardía.

Cuando dude, recuérdame que debo obedecer mis emociones, que la magia se revela a sí misma en movimientos y comunicaciones involuntarias, que aguantar es prohibir que surja el amanecer. Tolera mi incoherencia. Concédeme abundancia de palabras e indagaciones. Ayúdame a darme gusto en conocer la alegría de perseguir el asombro, sin tomar precauciones excesivas.

Dirígeme al verdadero significado de todo lo que aparezca frente a mí en los cruces del camino. Ayúdame a interceder por aquellos que no tienen voz. Dedícame a explorar experiencias que generen cambio y transformación, y enséñame a amar el proceso de transformación en la búsqueda interior y de los demás.

Intrígame. Sacúdeme cuando sienta comodidad. Sé el sonido apacible que mi garganta anhela reproducir. Hazme bailar desenfrenadamente, moviendo mi cuerpo como le venga en gana. Deja que mis manos esculpan formas que sorprendan. Quiero encontrar mi ritmo contigo y expandir mi confianza para mostrarlo.

Haz que todas mis formas de venerar la vida sean escabrosas y mágicas. Ayúdame a articular mis ideas extravagantes y a abrirme a las diferentes perspectivas para hacerlas realidad. Prepárame para que los contrastes no me asusten y ensíllame con la habilidad de la improvisación.

Sé el estímulo instantáneo en mis espuelas y llévame a cabalgar.

Venerando La Curiosidad

Gracias por este día de cuestionarlo todo. Inspírame para saciar mi sed de conocimiento y de respuestas. Remueve mis disculpas y mi necesidad de preguntar quién, qué, por qué y cómo. Expone delante de mí los maestros y maestras que logren cautivar mi mente y explicarme cómo suceden las cosas, cómo funcionan y cómo todo se conecta. Enrólame en el curso de la vida, con el único propósito de asombrarme con las maravillas del mundo. Fortaléceme como estudiante de lo extraordinario. Ayúdame a mirar detrás del telón y a detectar los mundos que son invisibles para la gente aburrida, indecisa e indiferente. Activa mi imaginación para que pueda reconocer y rescatar piedras preciosas en cuanto aparezcan.

Abre mi mente y desarrolla mi fascinación inquisidora. Sana mi despiste. Ayúdame a observar a mi gente y a mirarla más profundamente. Muéstrame su color iridiscente, su belleza; concédeme la voluntad para excavar sus profundidades con las herramientas que he forjado y, así, llegar a comprenderla desde lo sagrado. Autorízame a conocer la Tierra de esta misma manera, y a todas las criaturas silvestres – su cautiva biología – con movimientos independientes del ritmo tecnológico moderno.

Recuérdame que debo continuar a la caza de la inteligencia natural, como lo hace El Cuervo: estudiando los acertijos, manipulando la complejidad y manteniendo la comunicación con los demás habitantes del reino. Deja que gire las manivelas para observar qué pasa y poder examinar consideradamente los resultados.

Inculca en mí la determinación de comprometerme con la vida: de ser parte de ella, de mezclarme con ella y a no quejarme. Frena mi cinismo y la necesidad de tener una respuesta lista para todo. Despreocúpame de lo que piensen los demás. Anímame a investigar lo que necesite averiguar. Impúlsame a usar mi voz para formular las preguntas que resolverán los códigos y que me traerán otras preguntas.

Favorece mis ideas y apóyame al seguir mi intuición hacia nuevas fronteras. Ayúdame a experimentar la felicidad que nace al remover la pasividad. Fortalece mis músculos para salir a explorar y echar raíces, y quédate a mi lado mientras someto mis teorías a prueba.

Atrápame al caer y dame un empujón para levantarme de nuevo.

Venerando La Claridad

Gracias por ayudarme a hervir en este día hasta reducir mi esencia.

Descarga en mí los mantras que eliminan la confusión. Recuérdame la inherencia de mi búsqueda, siendo mi guía en círculos y ciclos. Regálame la paciencia para escuchar la verdad simple de tu mensaje. Ayúdame a honrar esa parte de mi ser que está preparada y dispuesta a aprender. Propíciame a compartir las semillas germinadas con uno o dos seres queridos que sean capaces de apreciar una buena reflexión. Haz que nos podamos verter algo de luz el uno al otro al desenredar nuestros caminos.

Nutre mi mente divina para reescribir el quebrado modelo de pensamiento generador de guerras externas e internas. En cuanto esté cerca de alcanzar tu esencia purificadora, ayúdame a permanecer libre a los cambios venideros provenientes de una buena medicina. Expándeme y contráeme. Guía las alas de mi alma para llevarme hacia la razón divina y regresar. Desempolva mis plumas y alíviame con la remembranza del por qué estoy aquí. ¿Por qué estamos todos aquí?

Conecta mis albores como se conectan las grandes constelaciones del Cosmos. Destila el panteón de mis pensamientos, esperanzas y sueños en un lenguaje claro y fluido, dispuesto a ser comunicado.

Inspírame a dar pequeñas mordidas para digerir cada pieza, una por una, de manera que todo tenga sentido. Ayúdame a liberar lo que no sea crucial para mis relaciones divinas. Susúrrame claves sobre a dónde debo dirigirme, y yo trazaré el camino para alinearme contigo.

Despeja mis ojos nublados. Revélame nuevas sensibilidades para recargar mi energía, siguiendo lúcidamente hacia adelante. Desvanece todos los años de programación acumulada para que pueda expresarme en mi propio dialecto, desarrollar mi propio léxico y distinguir mi identidad entre todos los demás. Déjame confiar en que las gemas más brillantes me van a ayudar a exponer mi punto de vista de manera concisa.

Enséñame a localizar mi rastreador, el mismo que permanece en mi instinto autóctono. Ayúdame a seguir las pistas que me has dejado como respuestas a mi búsqueda.

Guíame de regreso a mi espíritu original por el tranquilo sendero del saber.

Venerando La Confianza

Gracias por este día de creer en mí. Cuando me siento en peligro e inestable, estoy viviendo en el caos del desamor. Cuando tengo confianza, soy el ser que tú has creado. Ayúdame a sanar mis heridas existenciales guardadas en pequeñas cápsulas de trauma, esparcidas por todo mi ser. Ayúdame a disolverlas con el aliento que me has regalado.

Deja que convoque la semilla más profunda y eléctrica dentro de mí, para que me permita brillar sin alardes ni poses, sin tener que fingir hasta conseguirlo, sin exagerar ni inflar la verdad de mis logros y habilidades.

Soy suficiente. Puede ser que necesite que me lo recuerdes a menudo, Fuente Divina de Conexión, para poder aceptarlo con seguridad. Gracias por enfocarme a la belleza y a mi fuerza interior.

Recuérdame que puedo lograr todo lo que me proponga con lo que tengo en este momento. Levanta mi mano al aire cuando veas que se necesitan mis facultades. Lléname de fe en que voy a lograrlo a mi manera y que voy a recibir toda la ayuda que sea necesaria. Menciónalo cuando necesite adquirir más educación, pero evita que me engañe creyendo que todavía me falta mucho por aprender. Cuando una misión arriesgada me convoque, permíteme responder.

Asísteme para definir mis dones en palabras que puedan representarlos, justa y completamente. Cuando vacile, endereza mi columna vertebral. Envíame conciencia de cómo mis conocimientos pueden ser empleados desde cada vértebra.

Favoréceme para anticipar los retos que se presenten de improviso, a sabiendas de que el esfuerzo y la energía que brindo, me prepararán para el éxito. Ayúdame a evitar pedir disculpas por lo que nazca en mi corazón y sea creado contigo desde el amor. Cuando sea necesario, fomenta la consideración, la anticipación a las consecuencias, los ajustes y el mantener la firmeza.

Recuérdame que la inseguridad es simplemente la creencia de no sentir tu protección. Deja que mi amor por lo que hacemos juntos me levante. Cuando sienta que soy incapaz, que carezco de habilidad, que estarían mejor sin mí, que no encajo, que no me quieren o que no me necesitan, corrígeme. Sabemos que estos pensamientos no son ni tuyos ni míos, sino de una fuerza poderosa que pretende detenerme.

Ayúdame a crear un mundo donde la gente se sienta segura, a salvo y pueda disfrutar del sentido de pertenencia.

ANOTACIONES PARA EL DIARIO DE ORIENTE

¿Cuáles obstáculos se presentan cuando considero tomar el riesgo de usar mi voz?

¿Qué acontecimientos de mi pasado me desmotivan a continuar?

¿Qué me motiva a hacerle caso a mi curiosidad?

¿Qué cosas me atrevería a decir si no hubiera repercusiones?

¿Quién me apoyaría cuando intente nuevas maneras de usar mi voz?

¿Qué gano con callarme?

¿Qué pierdo con decir la verdad?

¿Cómo he protegido a los demás: sacrificándome, o siendo la víctima?

¿Cuáles son los beneficios de abogar por mí, por los demás?

¿Qué pensamientos me infunden seguridad para evitar pisar el camino que otros han trazado para mí, y me dan la oportunidad de crear el mío propio?

¿Qué me atrevo a decir por amor?

¿Qué tendría que suceder para poder expresar lo que siento vivo dentro de mí?

¿A qué le tengo miedo?

¿Dónde hay un trauma atrapado en el interior de mi cuerpo? ¿Puedo encontrar maneras de liberarlo y de limpiar las vías para mejorar la comunicación entre todos mis sistemas?

SUR

Estación: *Verano*
Elemento: *Fuego*

En el Sur, se recibe al viajante con opciones para tomar acción y firmar acuerdos. Es el punto en el cual se descubre el compromiso con algo superior, se sellan los votos, se determina la identidad, se asumen los riesgos y se hacen las preguntas precisas. La visión se torna en realidad en esta fase, permitiendo al individuo poner su palabra a prueba, para cumplir lo prometido. Decisiones impecables apoyan los viajes creativos y previenen desvíos innecesarios.

Venerando El Respeto

Gracias por este día de crecimiento reverente.

Estoy buscando nuevas maneras de respetarme a mí, a Ti, a la Tierra, a mis seres queridos.

Solicito ayuda para distinguir lo que estimo y así tratarlo apropiadamente. Pido apoyo sólido para construir mi vocabulario y aumentar mi envergadura al dirigirme a todos mis aprecios. Tan pronto tenga la cuenta de mis adoraciones, prémiame con admiración. Guíame para entender cuándo debo desarrollar escucha aguda para hablarle a mi prójimo con mucho cuidado y consideración.

Ampara mi comunicación desde una mente pura. Si no coincido con lo que me dicen, enciende mi habilidad de comunicarme en alta frecuencia y de alcanzar un nivel de conciencia que me posibilite recibir con amor, cuando me encuentre en esa misma posición. Tapiza mi laringe con lenguaje que conserve y proteja lo verdaderamente precioso. Que no me halle nunca viajando por los trozos desgastados del resentimiento. Cultívame en la terminología para ir directamente al grano y para advertir los abusos verbales como absolutamente disfuncionales.

Ayúdame a captar el sentimiento que existe detrás de las palabras, puesto que pocos serán capaces de expresarse de la forma en que me gustaría oírlo. Crea en mí la tolerancia hacia quienes amo para palpar la dulzura que desean transmitir. Protégelos de mis acusaciones repentinas por crímenes que nunca cometieron. Ayúdame a recordar por qué los amo y por qué existe nuestra relación. Restaura nuestros lazos y eleva mi nivel de integridad. Recuérdame ofrecer privacidad cuando lo amerite, y conservar la intimidad de mis seres amados con absoluta fidelidad.

Amo este mundo y todos sus seres naturales. Permite que me vea, y a todos aquellos cercanos a mí, como parte de esta gran belleza orgánica. Guíame en modos de preservación y protección de lo que quiero. Despreocúpame un poco de las historias que me hacen sentir responsable. Haz que el respeto dicte mis acciones.

Ayúdame a identificar dónde cabe rendir homenaje. Entibia mi corazón con una llama de reverencia y gratitud por todas las cosas vivientes. Establece en mí la profundidad de reconocer todo lo que necesite de mi apoyo.

Soy capaz y puedo darlo todo. Desafíame.

Venerando La Honestidad

Gracias por este día en que me entregas la confianza absoluta para decir la verdad.

Por favor, ayúdame a respetarme y a respetar a los demás, y a tomarme el tiempo necesario para obtener claridad sobre lo que pasó, lo que está en proceso, lo que salió mal: cómo lo puedo corregir y cuál es mi responsabilidad. Ayúdame a comunicarme claramente, sin juicios ni culpa. Necesito de tu auxilio para amputar mis ilusiones y fachadas: Para valorar la verdad del amor sobre todas las cosas, y darle su posición correcta en mi garganta. Sé la espada que taja el falso miedo a lo que tengo que proteger.

Ayúdame a favorecer la franqueza sobre la conveniencia, o sobre el deseo compulsivo por una realidad diferente. Guíame hacia el coraje cuando busque evitar el confrontar un asunto que requiera mi atención. Sácame de la cueva para declarar lo necesario, sin descuidar otros menesteres.

Abrázame cuando me decepcione y no quiera herir a nadie con la verdad de mis acciones. Escatima mi urgencia de manipular los hechos para parecer más fuerte, superior o más inteligente. Permite que acepte mi papel y asuma responsabilidad propia en las situaciones discordantes que yo pueda haber causado. Diluye mi vergüenza. Dosifica la medicina adecuada para que me deje guiar por mi voluntad y pueda hallar soluciones adecuadas a los temas. Muéstrame lo caro que cuesta traicionarme o traicionar a los demás a causa de cuentas falsas. Contémplame en la conversación y dame la fuerza para hablar con sinceridad.

Sitúame equilibradamente para declarar con fuerza quién soy, qué quiero, a quién puedo ayudar y cómo puedo prestar servicio.

Guíame para crear relaciones sanas donde me sienta a gusto comunicando mi carácter, y para recibir con aceptación a quienes se me acerquen. Ayúdame a soltar mis juicios cuando enfrente la franqueza de un ser querido. Enséñame a crear espacios seguros a través de mi vida, donde la verdad sea libre de respirar y prosperar. Adiéstrame para no retroceder ante información hiriente, sino mejor, ser valiente para resistir la tormentosa realidad.

Ayúdame a desarrollar la confianza para actuar con honestidad, removiendo obstáculos y construyendo una base estable y amplia que yazca en mi propia esencia, ya erosionada por el paso del tiempo.

Venerando La Abogacía

Gracias por este día de percepción progresista.

Ayúdame a defender la justicia con el fervor impulsado por una fuerza mayor al confort trivial y a los sistemas obsoletos. Permite que mi rebeldía defienda a quienes amo y protejo, y también a quienes no conozco íntimamente, más requieren de mi apoyo. Contrátame para ser la voz poderosa que sana, reconcilia, perdona y mejora. Impúlsame a crear tiempo y espacio para prestar mi ayuda donde la necesiten. Transmíteme la pasión para sentir incomodidad con las violaciones a los derechos de los demás, como la vida, la libertad, la felicidad y la voz propia. Hazme fiel sirviente de las protestas que movilizan corazones, y ponme al mando cuando sea preciso. Remueve mis sentimientos de desesperanza cuando sienta oposición. Identifícame con la acción y dirige mi energía a los demás.

Líame a la medicina del amor. Permíteme impactar la transformación que conduce al cambio. Enciende la llama de la revolución en mi corazón. Erígeme sobre un cimiento de fe al dar mis primeros pasos. Forja mi voz como un instrumento defensor de las libertades que promueven la igualdad. Mantén mis motivos puros. Préstame las herramientas para ver de cerca o de lejos, y haz que pueda ajustar el foco con frecuencia.

Ayúdame a prestarle una mano al desfavorecido: A animar a quien carece de posibilidad. Ayúdame a aceptar que es posible no caerle bien a todo el mundo o sentir incomprensión al defender mis creencias.

Refuerza mi convicción y dame la compresión y la empatía necesarias para vivir experiencias sostenibles. Haz de la tolerancia mi prioridad, y concédeme las palabras y acciones adecuadas para combatir la violencia con un sable de paz.

Guíame a la inclusión. Ayúdame a evitar el enfrentamiento personal; mejor enfócame en participar en la reparación de los sistemas disfuncionales. Disuelve mi inclinación a tomar bando, al partidismo, a emitir juicios, a las justificaciones, a seguir la corriente y a maldecir o idolatrar a quienes crea que son más que yo.

Ayúdame a cumplir mi parte para que suenen las campanas de libertad.

Cuando miles susurren, haz que sea yo quien los escuche.

Venerando La Práctica

Gracias por este día de devoción ceremonial.

Guíame hacia el tapete, el camino, la tetera, el lienzo y la mesa de confrontaciones, para poner a prueba mi flexibilidad y serme fiel hasta el final. Sé mi espejo, mi consejo en asuntos de disciplina y ritmo. Abre mi mente resguardada al criticismo cariñoso y constructivo.

Haz de quien quiera que se me acerque, mi guía. Estimula mi forma de ser y mis sentimientos con método. Ayúdame a practicar para crecer con mayor fortaleza y resiliencia. Levántame como a una montaña. Abre mis brazos a lo ancho, expandiendo y despejando las válvulas de mi corazón, para poder separarme de él. Apunta mis dedos hacia el cielo y ensancha mi postura. Envuelve alas enormes alrededor de mis piernas para arraigar mi posición con firmeza. Entréname para ganar las batallas que se manifiestan en mi interior en forma de miedo y resistencia. Ayúdame a crear espacio dentro de mí para seguir progresando constantemente con cada respiro, con mis invocaciones y con las actitudes que inician mi día. Cuela aire en mis pulmones para reconfortar el duelo que allí reposa. Bendice mis rutinas de apoyo con la luz dorada de tu aliento que alumbra a través de la repetición. Deja que mi cuerpo sea una ceremonia viviente.

Regrésame al presente cuando me descarrile. Oriéntame para volver a enfocarme sin sentir vergüenza, si es que pierdo mi camino. Dame fuerzas para aceptar cuando mi equilibrio tambalea y corra el riesgo de comprometer mi integridad. Conságrame cuando descubra aquello a lo cual me aferro y sobreprotejo. Levántame con pies conscientes cuando me derrumbe. Permite que mi envergadura sea el puente entre mi espíritu y mi cuerpo. Aviva el fuego de mi voluntad en tiempos desafiantes y de obstáculos superables.

Pon en mi camino quienes me brindarán ayuda para perseverar en el intento de resolver efectivamente mis conflictos internos y externos. Recuérdame las herramientas que tengo a mi disposición para reconocer lo que impide mi fluir. Concédeme el mantener mi interés para aportar claridad en las relaciones que deba cultivar. Asísteme para armar las piezas del rompecabezas de mi versión más sana, con la ayuda de la electricidad de la Tierra que asciende a través de las palmas de mis pies.

Déjame saber que no estoy a la deriva y que es necesario darle tiempo al tiempo.

Venerando La Creación

Gracias por este día de construir y forjar.

Perfecciona mi destreza. Guía mis manos y pensamientos hacia el papel, el lienzo, la arcilla, los instrumentos, los jardines. Haz que la expresión sagrada se filtre a través de mí y salga a la superficie. Ayúdame a transmitir los mensajes que anhelo descubrir. Alumbra tu linterna al pie de mi alma para que pueda investigar más sobre el alcance de mis comentarios y mi visión. Deja que las llamas de la creatividad abran los portales de mi imaginación. Ayúdame a crear las formas, los contornos y las líneas que suscitan nuestros encuentros.

Despreocúpame de la sagrada labor de mi prójimo, para que lo que brote de mí sea único. Permite que resuelva mis propios asuntos contigo, adornando mi lienzo con mi huella, como lo demuestras en cada árbol, cada piedra, cada nube. Expande mi capacidad para organizar los elementos, de manera que sean representaciones de mi vibración. Haz que mis procesos artísticos me zambullan de cabeza en los pozos profundos de las reservas reconocidas por la intrusión de mi espíritu. Responde a mis preguntas sobre quién soy creativamente: Soy, tal cual diseñaste mi ser. tal cual diseñaste mi ser. Ayúdame a encontrar la forma de elevar la energía creativa que me sostiene.

A través de mi recursividad para resolver problemas, desnuda la originalidad de mi obra. Revélame los dones, talentos y habilidades, y concédeme amar lo que realice con ellos. Explícame cómo lograrlo, pues a menudo ni sé por dónde comenzar y sólo muevo las manos. Conéctame con individuos de pensar similar que deseen recibir e interactuar con Inspiración Divina.

Remueve mis bloqueos: Aparta las barreras que detienen el flujo de mi luz, color, oscuridad y mis sensaciones. Extingue las ondas de radio del criticismo o la alabanza. Enfócame hacia lo que quieras que haga. Abrígame con la paciencia para completar todas mis creaciones hasta el final, ya sean mi prole, mis composiciones musicales, mis semillas germinantes en macetas, o mis pinturas. Restringe mi costumbre de rendirme cuando me frustre con los resultados de mi esfuerzo. Anímame a quedarme con lo que surge naturalmente de mi ser. Haz que genere, no solo cosas hermosas y caprichosas, sino también cosas que impacten, muevan, ayuden, resuelvan y confronten.

Dame satisfacción con lo que brote desde mi corazón fiel, usando las herramientas más elementales.

Venerando Los Votos

Gracias por este día de conservar promesas.

Tantos acuerdos rotos: Conmigo, con mis colegas, con la Tierra y Contigo.

Permíteme forjar nuevos vínculos para poderlos consumar y cumplir mis promesas. A partir de ahora, haz que pueda honrar a aquellos con quienes tengo lazos de unión. Ayúdame a recordar lo que se siente cuando se quiebra la confianza como resultado de malentendidos o falsas expectativas, y a conservar mi fe para con los demás. A cambio, guíame para ver los acuerdos pactados como el esfuerzo mutuo de conseguir algo mayor a la suma de las dos partes, aunque al principio me derrumbe. Y si así sucediera, renueva el compromiso.

Únete a mí a través de amistades compatibles para trabajar en concierto y afianzar la buena medicina que será creada. Autoriza los contratos que acepto y el compromiso con el que cierro lo que se está creando con un rápido apretón de manos. Ayúdame a colaborar con mi espíritu. Voy a necesitar de la paciencia que sólo tú me puedes brindar para hablar en voz alta de lo injusto y de los privilegios. Impide que el resentimiento aumente en mí, y regálame las habilidades íntimas necesarias para comunicar los ajustes que sean imprescindibles. Envía jueces competentes para que se dé el entendimiento. Interviene para que libere mis enojos y asuma la responsabilidad de cumplir con mi parte del trato. Enséñame el arte del compromiso y la reciprocidad.

Haz que sea evidente que, cuando firme un contrato, la entidad que se genera tiene alma propia. Ilumíname cuando sea el momento de disolver la unión. Cuando me encuentre en una encrucijada, muéstrame el camino hacia un nuevo comienzo, sin dejar cabos sueltos o cuerdas abandonadas. Corta los cordones con delicadeza cuando mis pactos culminen, y recuérdame que está bien esperar lo mismo de aquellas entidades que rompan sus lazos conmigo o con mi gente. Reconcilia mi solidaridad para poder desapegarme limpiamente. Recuérdame que, al honrar mis contratos, también tengo que respetarlos cuando lleguen a su fin.

Conéctame con el eslabón de la integridad cuando me acueste con alguien y libérame cuando el compromiso esté saldado. Sana mi corazón del escarnio cuando quede un espacio vacío. Fortalece mi dedicación para poder ver a través de lo que comienzo de nuevo.

Venerando La Canción

Gracias por este día de preciosa consagración a la canción. Llena mis pulmones de voluntad. Eleva mi audacia para emanar sonidos históricos de exaltación. Permíteme cantar desde lo profundo de mi santidad. Despósame con todos los seres vivientes en una ceremonia coral. Recuérdame que una simple tonada puede ser el regalo que toca las almas y mueve colosales emociones. Preséntate cuando se me olvide que cada criatura de la Tierra tiene su propia voz sonora. Auxíliame para encontrar mi melodía.

Ayúdame a no ser tan cruel cuando oiga mi voz desafinada. Puede que tenga que ofender un poco a los espíritus mientras aprendo una nueva manera de albergar las estaciones, mi gente, la tierra, las criaturas y los ancestros. Deja que la oiga monótona e imperfecta. Déjala sonar miserable y atrapada - si es necesario. Mi voz se irá suavizando al repetir el ritual. Concédeme cantar por muchos años, deseando que mi voz y mi tono resuenen magníficamente. Distrae mis oídos de ángeles oscuros que insisten que gimo como un animal herido. Haz que este sea el momento en que comience a escribir y a cantar las canciones que exaltan la belleza de la vida.

Aumenta mi rango vocal, agota mi garganta. Permíteme entonar hacia el mundo los deseos de mi corazón y armonizar con quienes siendo valientes, crean música a través de sus voces. Enlázanos para unificar y alterar la energía del planeta. Asísteme en crear composiciones que sanen profundamente lo que las palabras habladas no logran siquiera tocar.

Tócame de la misma forma que acaricias a una criatura, para levantar mi voz sin miedo o aprehensión. Cultiva en mí el canto agradecido por lo que tengo, y el cantar serenatas a las plantas y naciones de animales que alimentan la gente. Enséñame a educar una generación de niños y niñas que murmuren las canciones sagradas de amor y remembranza.

Muéstrame qué siente un alma cuando escucha la canción que se le canta. Ayúdame a descifrar cómo viaja el sonido y cómo nos afecta cuando nos alcanza. Muéstrame las lágrimas de alguien que nunca ha escuchado su nombre trinado hacia el cielo, de manera que yo entienda el impacto que una voz puede lograr.

Sé mi valentía para agitar los himnos que marchan al compás de mi corazón.

ANOTACIONES PARA EL DIARIO DEL SUR

¿Qué me han dicho que me siga doliendo?

¿Cuándo he sacrificado mi propio respeto para no agitar las aguas de los demás?

¿Dónde puedo encontrar los recursos que me puedan ayudar a realizar mi propósito?

¿En cuáles ámbitos saludables puedo practicar los discursos sobre mis valores y misión?

¿Cómo puedo expandir mi rango de comunicación?

¿A quién le gustaría escucharme?

¿Qué debo modificar, cambiar o cultivar para lograr que me escuchen?

¿Qué debo hacer para seguir de pie ante el conflicto y la confrontación?

¿Qué cuidados debo tener conmigo misma para rehabilitar mi voz?

¿Cómo puedo reconstruir la confianza donde ha habido rompimiento o traición?

¿Cuál canción reside en mi corazón, lista a ser entonada?

OCCIDENTE

Estación: *Otoño*
Elemento: *Agua*

En el occidente se hospedan los retos personales, sociales y culturales: Sombra, dificultad, duda, indecisión, duelo y la necesidad de restauración.

Es también el estado en el cual las emociones se exploran y excavan para determinar el origen de los motivos. Cuando se aprende a examinar nuestro sistema de valores efectivamente, secuestrando al inquisidor, las oportunidades comienzan a aparecer.

Esta intersección presenta la oportunidad de limpiar el camino de residuos psíquicos y de ganar claridad a nivel emocional. Flotar sobre los aspectos opacos del auto sabotaje, ofrece la fuerza y el apoyo que posibilitan soltar los patrones arraigados.

Venerando El Mérito

Gracias por este día de entender lo que valgo.

No necesito que me recuerden mis propios méritos. Has intentado transmitírmelo tantas veces, pero es tan difícil oírlo y aún más fácil olvidarlo. Por favor, ayúdame a recordar que es un milagro estar aquí, y que ignorar el milagro es no comprender lo que es la vida. Cada uno de nosotros tiene un propósito, y no tenemos que comprenderlo todo para merecer nuestro debido lugar. Marca en mis células que debo estar aquí sin ansiedad, y que soy suficiente.

Expande mis limitaciones para aceptar mi existencia majestuosa. Condecora mi traje con medallas de honor para dejar de cuestionarme si hago o doy lo suficiente. Exponme a mis fallas e imperfecciones, pues mi obsesión con la perfección aniquila mi espíritu y mi fe en el Amor Divino. Cuando el deseo de aprobación es insaciable, complica y compromete mis relaciones personales. Ayúdame a liberar a mi gente del tener que encontrar las palabras perfectas para hacerme sentir bien. La liberación de mis creencias propias y equivocadas, es solo entre tú y yo.

Ayúdame a descubrir cómo puedo ser útil, sabiendo que mi nivel de significancia no se basa en mi quehacer. Remueve los pensamientos de que soy impertinente, o una carga para quienes me rodean, o que mis dones no son apreciados. Ayúdame a crear una vida fructífera que dignifique mi espíritu y me brinde la certeza de ir por el camino correcto. Cuando dependa de los demás, ayúdame a buscar autonomía para mantener mis relaciones en equilibrio. Ayúdame a definir lo valiosas que son mi presencia y mis contribuciones. Permite que entienda que mis aportes no tienen equivalencia en dinero y que la vida no se puede medir en monedas.

Cuando desprecie mi misión, encáuzame de nuevo a ella. Dirige hacia afuera mi generosidad y mi bondad, siendo consciente de que todo lo que fluye de mí genera un efecto dominó. Recuérdame que es posible producir infamia en los demás cuando fijo normas injustas e imposibles de cumplir. Haz que "suficiente" y "aceptable" sean adecuados, pese a mi esfuerzo por alcanzar la excelencia. Destaca mi benevolencia, pues será mi gran corazón lo que me vuelva memorable.

Ayúdame a entender y a confiar que soy un organismo beneficioso en el gran esquema del universo.

Venerando La Tristeza

Gracias por este día de padecer al descubierto.

Ciertas cosas sucedidas me causan tristeza. Es deprimente que no las pueda volver atrás. Muéstrame ese lugar donde pueda expresar mi duelo libremente, tanto y como sea necesario. Acércame a grupos de gente que sienta dolor permanente, y ayúdanos a albergarnos mutuamente desde el cuidado y la presencia fluyentes. Bendíceme con que pueda sentir las cicatrices dejadas por las espadas que me han cortado. Apiádate de mi corazón doliente, mientras viajo en este misterioso paisaje gris. Ayúdame a navegar con intención.

No necesito encontrar el significado. Tal vez nunca llegue a entender cómo transmutar la agonía, pero, si fuera así, se que tú me mostrarás el camino. Déjame acostarme calladamente en tu regazo, descansando entre los huesos polvorosos de mis ancestros. Necesito que me sostengan y me transmitan su sabiduría para poder dar el primer paso tan pronto sea posible. Haz que perdone mis defectos y negligencias que hayan causado la disrupción con mi espíritu, mi ser amado, mis descendientes, mi infancia.

Ayúdame a articular la naturaleza de mis agravios y ofrecerlas al Cielo: No para apurarme a sobrellevarlos, sino para suplicar por pequeños espacios de aire en medio de las mareas. Relaja la tensión y la ansiedad que causan los porqués de mis pérdidas insoportables. Cárgalas por un ratito, para que me pueda sentir leve y logre entender que no tengo por qué arrastrar todas las penas de mi corazón. Abre mis puños.

Suaviza mi rostro, para que pueda ver que aún soy yo, debajo de todos estos sentimientos. Desenreda mis preocupaciones, divagando si todo permanecerá igual. Mantenme presente con mi proceso sanador. Ayúdame a vincular mi duelo con mi consciencia. Recuérdame que cada lágrima derramada nace de la fuente tributaria de la vida, del río de mi corazón vulnerable.

Enséñame a ser quien libere los tormentos de las generaciones pasadas, a ser quien gima por todas nuestras pérdidas.

Abre mi espíritu al intercambio mutuo sobre este proceso.

Venerando La Rabia

Gracias por este día de sacarlo todo afuera.

Tengo una rabia horrible. Ayúdame a soltar este enojo: a gritar, chillar, vindicar. ¿Me puedes sostener? ¿Puedes oír las indignaciones justificadas, venenosas, irreconciliables? ¿Puedes aceptar todos los meollos de mi ira? Deja que vierta el envase de mi furia en tu altar. Puede ser que la injusticia que causó esta tormenta sólo necesite ser oída y comprendida. Permite que me hierva la sangre.

Tal vez necesite echar chispas y bullir hasta enrojecer. Tal vez necesite maldecir el día en que nací, o el día en que él o ella nacieron, o el día en que morí, o el día en que él o ella murieron. Levanta mi puño rojo y candente para amenazar a quienes permitieron que sucediera este atropello, a quienes no me protegieron, a quienes pareció no importarles, quienes no hicieron nada por detenerlo. Alúmbrame con un rayo de palabras que describan exactamente cómo me siento ahora. Suéltame de las riendas del monstruo en que mi ira se ha convertido, y haz que no se alimente más de mí.

Protege a mis seres amados de lo que inadvertidamente se ha vuelto tóxico en mi interior. Llévate mi furia y haz con ella lo que quieras, para que pueda mantener mis relaciones limpias y honrar mi vida tal cual es hoy, sin resentir el ayer. Muéstrame cómo entregarme a tí poquito a poco. No quiero que las personas que más amo paguen por lo que otros me han hecho.

Ayúdame cuando todo me de vueltas. Ayúdame a ver que el dolor atrapado dentro de mí todavía pelea por tomar el control. Ayúdame a encontrar maneras adecuadas y saludables para que mi espíritu tome el volante y honre los motivos de mi furia.

Acompáñame cuando mi mirada se aclare, las nubes tormentosas se vayan y se desprendan mis capas – al darle voz a lo que he estado callando por tanto tiempo. Permite que agarre esa masa negra en mis manos dulces y llore sobre ella, dando gracias por haber superado el sufrimiento de cargarla. Presiona su peso sobre mis palmas para que pueda sentir lo insoportable que me ha vuelto. Oye mis gruñidos y rugidos al arrastrar mis estorbos sobre la Tierra.

Recuérdame cómo posar mi rabia en las bases de una ofrenda, con la esperanza de un nuevo renacer.

Venerando La Ansiedad

Gracias por este día de triunfos notables.

Gracias por la tensión, por poder aprender de ella, observando cómo mi cuerpo reacciona y responde. Ayúdame a tomar la valiente decisión de mover mi cuerpo en formas que alivien la dificultad física de sentir que pierdo mi aliento. Aleja de mí, con tu voz reconfortante y cariñosa, el instinto de salir huyendo. Ayúdame a entender la diferencia entre mi percepción de riesgo y la realidad. Remuéveme gentilmente de situaciones, compromisos y escenarios que causen opresión en mi pecho y nudos en mi garganta. Auxíliame para volver en mí y tratar de intentarlo nuevamente.

Alivia mi malestar al tener que ensayar herramientas que me puedan servir. Eleva mis pies para que fluya mi sangre y soporte la circulación hacia mi corazón. Alértame para anticipar momentos provocadores y así poder enfrentarlos con valentía. Aliéntame a sentirme responsable por el torbellino debilitador que causa la pérdida de concentración. Ayúdame a dispersar la energía de la preocupación presente en mi sistema. Encamina mis pies hacia la naturaleza, donde quiera que se encuentre mi lugar sagrado. Sitúame en la corriente que me lleva gentilmente hacia adelante y me recuerda no desgastarme nadando en contra de ella. Ayúdame a analizarla, trazarla hasta su origen y descubrir nuevas formas de afrontarla.

Cuando parezca que todos los demás están lúcidos, resalta a quienes luchan hombro a hombro, conmigo en la batalla. Dame compasión hacia aquellos que nerviosamente se alejan de mí y ofréceles el don de la compresión.

Calma las mariposas que revolotean en mi estómago cuando sienta aprensión. Ayúdame a reconocer el momento en que el pánico esté escalando y anímame a confiar en que yo puedo describir, con palabras simples y efectivas, lo que me sucede. Cuando el miedo se apodere de mí, calla las dudas que me intimidan y paralizan. Atrápame dentro de mi cuerpo mientras abro camino en este cuello de botella. Ubica sanadores en mi sendero que me aseguren que voy a estar bien.

Embalsa mi delicado corazón en sabiduría divina cuando esa agitación, tan familiar, intente cambiar el rumbo de mi barco.

Venerando El Miedo

Gracias por este día de descubrimiento de lo que causa que me provoque salir corriendo.

Mis miedos me detienen, me minimizan y me acorralan en una esquina. Levántame y libérame del pequeño cuarto de las sombras, donde mi voz vacila y mis hombros tiemblan. Ayúdame a calmarlos y a nombrarlos – invítalos a que se acerquen para poder encararlos. Sé mi fuerza cuando les dé la orden de retroceder. Ayúdame a desarmarlos de poder.

Cuando se me trabe la garganta y el silencio engorde mi lengua, cúbreme con tu rayo azul de valentía. Provéeme con una espada de luz para degollar las falsas ilusiones que llevo tanto tiempo construyendo. Entréname para esquivar sus movimientos con la maestría del aikido espiritual y desviarlos con brazaletes de oro. Familiarízame con las batallas de mis preocupaciones, problemas, impresiones y recuerdos.

Guíame mansamente a través de los retos y ansiedades desconocidos. Redefine mi relación con la incertidumbre. Alumbra mi habitación con el brillo blanco de un destello de vida que se oponga a estos desalientos tan debilitantes e irracionales. Recuérdame que solo algunos de mis miedos se materializarán, pero no significa que así sucederá siempre. Prepárame, no solo para lo peor que pueda pasar, sino también acorázame con la determinación de considerar todas las posibilidades con mente racional y calmada, antes de reaccionar y encogerme. Concédeme una pausa para reflexionar antes de atacar. Con tu corazón amoroso, permíteme escuchar esa parte de mí que siente miedo al cruzar puentes tambaleantes.

Haz que no me deje intimidar por la devoradora sensación de pánico, sino más bien que agradezca estruendosamente su advertencia y su intención de protegerme contra el peligro. Permite que aprenda una nueva forma de tranquilizar mis miedos y de consolarme durante el proceso. Demuestra cómo puedo desmontar el terror calmadamente y serenar mi incomodidad por medio de saber lo que es cierto.

Permite que aunque mi voz sienta miedo, hable de todas formas. Está bien si tiembla. Mejorará con la práctica.

Ayúdame a entender cómo se siente ser libre y medir mis pasos hasta llegar ahí. Llena mis pulmones de seguridad y esperanza.

Venerando La Profundidad

Gracias por este día de inmersión. Escóltame deliberadamente a los adentros de mi pozo ancestral para extraer la medicina benigna. Rétame a compartir mis lugares secretos – las regiones cavernosas a las cuales invito un grupo selecto de personas. Guíame para escuchar a mi audiencia con atención, acompañándome hoy de aquellos quienes han examinado sus trasfondos y se brindan como lugares seguros. Ayúdame a conectar a quienes no le temen a los abismos, para reconocerlos como buceadores, camaradas expertos en la topografía de las profundidades sagradas. Ayúdame a tener la seguridad de que al abrir las compuertas no me voy a ahogar, sino que voy a ver lo sagrado de la vida.

Haz posible que mi viaje hacia el fondo desde la superficie sea gratificante. Ayúdame a apreciar el peso de mi espíritu salvaje y perenne, mis traumas, mis vulnerabilidades. Cúbreme con la confianza de saber que puedo preservar este espacio en mi interior – enriquecido de recuerdos, ofrendas, pasiones. Capacita a los huéspedes de mi hogar íntimo a reflejar la magia que ven en mí. Comprométeme con la reciprocidad. Ayúdame a aceptar la gente como obras en curso. Limita mis juicios cuando me inviten a entrar en sus dimensiones líquidas. Enséñame a ver lo mejor en mí y en los demás.

Ayúdame a superar la programación que me impulsa a compartir únicamente lo superficial. Regálame la concentración de enfocarme en mí desde la apertura, para facilitar que me escuchen y pregonen. Motívame a dejar abierto mi portal y a no cerrarlo por temor u orgullo. No toleres obstrucciones ni hostilidades. Cuando me aferre a las profundidades pandas, dame los recursos y el apoyo para zambullirme más hondo. Enciende el deseo por conocerme y el de ver las relaciones gemelas como un llamado para dejar a un lado la frivolidad.

Protege mi energía cuando me arroje a los abismos de los demás. No me empujes a comunicaciones odiosas, donde las sombras se utilizan como herramientas que perpetúan la disfunción. Invierte en mí con sabiduría. Ayúdame a participar en el intercambio de intimidades e ideas respetuosamente. Asísteme en la búsqueda de personas que estén a la par con mi nivel de intensidad y pasión.

Dame la fuerza para distinguir un hecho de una calumnia y la profundidad del espejismo, sin emitir juicios y continuar.

Venerando La Transformación

Gracias por este hermoso día de cambio.

Mi coraza está evolucionando, mi piel mudando, y yo me siento inusual con lo que me sobra. Ayúdame a encontrar las palabras para describir este descarte, la desnudez de mis ramas. Bríndame lucidez para darle la bienvenida a lo que se aproxima. Cuando tenga dudas de cómo seguir adelante, ayúdame a prepararme para esta nueva etapa. Ayúdame a confiar en que me voy a amar durante el proceso. Aliéntame cuando sea necesario soltar el pasado.

Cuando aquellos que me rodean no estén listos para reconocer mi espíritu original restaurado, confórtame con la idea de saber que, si siento incomodidad con mis cambios, ellos también se deben estar sintiendo igual. Permíteme ser un ejemplo de integridad, mientras pierdo partes innecesarias de mi viejo ser. Sorprende mis sentidos con renovación celular, despertando mi propósito y dirección. Muéveme a través de las noches oscuras y suaviza el dolor de la licuefacción interna de mi crisálida. Excava la poesía gestual de mi alma, y ayúdame para encontrar lo venidero con fluidez. Desenvuelve mis alas húmedas y nuevas, y levanta mi voluntad hacia los cielos infinitos.

Eleva mi interés por el mundo para observar con la vista de un recién nacido. Refuerza mi trueque sagrado con la Divinidad. Guía mis manos para construir altares en los portales de la existencia que ahora puedo traspasar con facilidad. Protégeme al construir relaciones que son más complejas que aquellas que conocí anteriormente. Fortalece mi pequeño refugio en el bosque, mi cuarto propio para re-crear, re-inventar, y re-imaginar.

Asísteme para tejer medicina sanadora con mis dones adquiridos y experiencias. Armoniza mi piel fresca con el conocimiento del significado de este cambio. Facilítame el paso al otro lado y sitúame delicadamente para encarnar mi forma inusual, más propia. Libérame de cualquier obstáculo que detenga el flujo de bondad desde mí, y el flujo de bondad hacia mí.

Sálame con lágrimas agradecidas y lluvia purificadora. Báñame en las aguas destiladas de la evolución.

ANOTACIONES PARA EL DIARIO DE OCCIDENTE

¿Dónde se acumula y estanca la resistencia en mi interior?

¿Qué me detiene a seguir adelante?

¿Cuáles patrones de mis ancestros familiares se repiten en mí?

¿Cuál de mis duelos necesita consuelo?

¿Cómo he abandonado o descuidado mi voz?

¿Dónde puedo encontrar apoyo confiable para las emociones que custodian mi secuestro?

¿Qué habilidades puedo adquirir para superar las dificultades?

¿Qué entrenamiento necesito para reprogramarme?

¿Qué siento al encarar mis emociones negativas u oscuras?

¿Qué beneficio trae el reconocer viejas heridas?

NORTE

Estación: *Invierno*
Elemento: *Tierra*

En el Norte, la persona forastera reconoce la relevancia divina y terrenal de la experiencia. Como humilde sirviente, ha adquirido sabiduría superando obstáculos. Tiene la oportunidad de sentarse en silencio sobre la Tierra y reflexionar. Al observar lo que ha sucedido con una visión panorámica, llega a comprender el valor de su viaje. Al encarnar lo que ha aprendido, puede disfrutar del triunfo de haber llegado a la cima de la montaña. Considerar responsablemente la sabiduría experimental es honrar la vida. Acceder a la cualidad espiritual de la existencia humana es celebrar lo que es infinito en cada ser viviente.

Venerando La Sensualidad

Gracias por este día de dicha terrenal. De verdad se siente como el cielo en la tierra.

Háblame de la belleza de la sensibilidad. Ayúdame a escuchar lo que afecta mi barómetro. Guíame fuera de mi mente y hacia dentro de los valles de mi propio cuerpo, espejo de la tierra. Toca mis nervios con las esencias y sonidos de la vida. Remueve mi timidez. Libérame de los reproches propios y familiares que frustran la delicia de vivir en este templo de carne y hueso.

Ayúdame a determinar lo que me gusta y cómo me gusta. Concédeme las palabras para declararlo. Recuérdame qué repele a mis sentidos. Enséñame a reconocerlo e ignorarlo. Recuérdame que tengo voz propia. Legitima mis deseos sin necesidad de tener que probar que me los merezco. Incúlcame auto-control insolente. Dirige energía a través de las amplias bases de mis raíces hasta alcanzar con calma la suave apertura de mi garganta.

Mueve mi cuerpo de manera que me conecte con mi origen. Estira mis tejidos, hazme flexible. Extiende mis límites más allá de lo conocido. Activa la energía que me relaciona con el infinito. Afirma mis pies en la tierra y siémbrame con estabilidad. Acomoda mis extremidades como el árbol que conoce mi nombre, el mismo que Tú invocas. Pon un cuervo en mis ramas para darme más altura, más osadía, más seguridad.

Compromete mi ser con el aquí y el ahora. Aclama los sonidos que igualan mis sentimientos, mis labios como el vehículo que aprueba la medicina correcta. Envía tonos vibrantes que me calibren con la eternidad. Sopla mi cabello con tu brisa y atrapa mi aliento mientras murmullo tu presencia en mí. Pule mi piel con el sudor salado de mi esfuerzo.

Acuéstame en el suelo suave para oler el placer de la creación.

Brilla tu luz de luna en mi corona abierta como señal de aprobación divina.

Venerando La Madurez

Gracias por este día de cosechar seguridad que sólo la experiencia puede brindar.

Gracias por traerme al pie de la montaña. Ayúdame a subirla, lenta y pacientemente, para sentarme en la meseta y contemplar las estaciones de crecimiento y desarrollo que he recorrido. Organiza las palabras que pronuncio y deja que comparta mis dificultades y aventuras. Ayúdame a ser discreta y a filtrar lo inservible. Recuérdame que no es necesario presumir lo dicho y hecho.

Fortalece mi autoestima para poder hablar sin vergüenza desde la faceta que cuida mi apariencia, pero no se preocupa por dar respuestas satisfactorias. Envuelve un manto de inteligencia emocional sobre mis hombros e inclíname para rendir reverencia a la tierra.

Mueve mi lengua con tacto y gracia, diplomacia y compostura: sin reacción, ni defensa. Dale valor a los asuntos importantes. Dame control para defender alguna causa y para sembrarla en aquellos que la puedan llevar a cabo. Ayúdame a canalizar la bondad que he llegado a conocer y a dirigirla francamente. Dame la autoridad para proteger lo más preciado: el tiempo, la energía y los recursos no renovables. Ayúdame a compartir lo que me ha permitido ser independiente, mientras me entrego a quienes están bajo mi cuidado.

Haz que confíe en mis palabras. No por la edad que tengo, sino por haber actuado con justicia y equidad. Entréname para adquirir esa confianza a medida que pasa el tiempo. Muéstrame cómo me dirijo a quienes se cruzan en mi camino y ayúdame a facilitar su aprendizaje, sin despojarlos de sus propios recorridos necesarios. Afirma mi madurez con mesura. Ayúdame a germinar esperanza en quienes me rodean, compartiendo lo que me ha funcionado, pero sin advertirles sobre lo que no. Eleva mis anhelos por un mundo en el que sea seguro vivir y ayúdame a diseñarlo.

Créame con el polvo al cual me vas a regresar.

Venerando La Responsabilidad

Gracias por este día de elevar las expectativas. Enfoca mi atención hacia dónde tengo que ir y cómo llegar. Inquiétame con las consecuencias de mis acciones. Ayúdame a reconciliar los errores pendientes que causan sufrimiento. Ayúdame a resolver los asuntos y a hacerme responsable por encontrar las soluciones. Alístame a escuchar el llamado y a solucionar problemas generales con lo que tenga para ofrecer. Muéstrame cómo trabajar ingeniosamente y con energía para crear nuevos modos. Pela el cobre.

Cóbrame las cuentas. Cuando haya defraudado a alguien de palabra u omisión, ponme en la silla del juicio. Ayúdame a arreglar las cosas nuevamente. Recuérdame lo fácil que es cambiar de rumbo cuando mi prioridad es el amor.

Dame la fuerza para poder enfrentar el dolor ajeno y demostrar empatía, aun cuando no me sienta identificada. Ayúdame a entender la seriedad de los problemas de los demás y a poner mi apoyo a su disposición. Ayúdame a distinguirme donde mi servicio sea requerido, mediando y sanando, cultivando el sentido de la responsabilidad, honesta y amorosamente. Haz que pueda responder por lo que haya iniciado.

Ayúdame a edificar bases que me permitan actuar con heroísmo, cuando sea necesario.

Amplía la calidad de mi conexión con la gente de mi vida. Perfecciona mi tránsito entre las cosas que todavía no entiendo y aquellas que percibo. Muéstrame la relación entre acción y resultado.

Ayúdame a darle buen uso a los dones que me has dado, haciendo que mantenga una actitud reverente a lo sagrado. Ayúdame a ver todas las formas de vida como infinitamente dimensionales, existiendo mucho más lejos del alcance de mi visión, y a negociar el espacio entre nosotros.

Oblígame a restaurar el equilibrio. Siéntame a la mesa de los humildes sirvientes y muéstrame lo que ha de ocurrir.

Yo me haré cargo.

Venerando La Seguridad

Gracias por este día de soporte.

Sálvame del naufragio y coloca mis pies en tierra firme. Aterrízame en lo que conozco como verdad – todo lo aprendido que me ha sido útil. Alza mis ojos para reconocer y aprehender lo que me apoya y sostiene. Rodéame con las riquezas de la comunidad, la abundancia de la naturaleza y la prosperidad de la satisfacción.

Imagina que busco los tesoros del alma y que regreso al calor del hogar para compartir mi experiencia con la mente certera. Ayúdame a alcanzar mi potencial como tu florista y ecologista, colocándome a menudo en medio de animales y plantas.

Ayúdame a labrar el suelo con nutrientes y alimentos que lo vuelvan saludable, en un gesto circular de dar y recibir cada temporada. Deja que mime a quienes me encuentro en el camino, tal como Tú y mis seres amados me han mecido y animado, en momentos de necesidad. Permite que devuelva el favor. Hazme valorar a los demás y tenerlos en gran estima. Hazme testigo de las más profundas promesas de grandeza de cada ser viviente que conozca. Dame la fe para creer en los frutos que se van a cosechar y apoyarlos con mi amistad.

Revela cuál es mi propósito para celebrar y valorar el trabajo que he realizado, mientras disfruto de los simples placeres e intercambios espirituales con mis semejantes. Recuérdame por todo lo que tuve que pasar para llegar hasta aquí. Renueva mi energía. Edúcame sobre las leyes económicas de la armonía. Resincroniza mi ritmo con los latidos del corazón del suelo que me mece. Corre junto a mi espíritu por campos de jolgorios y haz que nunca se me olvide que te pertenezco. Bendíceme con canciones inmodestas de alegría y alborozo. Ya quedaron atrás los días de vacilación.

Haz que me rinda ante la ambición de la montaña: el destino final de mi aventura. Alberga en las orillas de mi razón el hecho de que tengo lo suficiente en todos los sentidos. Recuérdame que te pertenezco y a mi hermana y a mi hermano también.

Recibe nuestro agradecimiento por todo lo creado y por este viaje.

Venerando La Gracia

Gracias por este día de perdón propio y hacia los demás.

Es en Tí donde encuentro la facilidad para romper con los lazos que alguna vez sostuve fuertemente. Haz susurrado indultos por mis errores, y ahora puedo hacerlo por mí y por los demás.

Gracias por darme ejemplos infinitos de absolución para aplicarlos a lo largo de mi vida. Me has mostrado que la vida es demasiado corta para aferrarse.

Las palabras que han sido pronunciadas con intención de herirme, haz que pueda dejarlas en el umbral, antes de cruzar la puerta.

Las palabras que pronuncié y causaron heridas, permite que las enmiende rápidamente.

Las palabras que nunca dije pero que necesitaba decir, déjame decirlas ahora: primero a Ti para aclarar, y luego a quienes quería dirigirlas.

Las palabras que nunca me fueron dichas, pero que era necesario escuchar, permite que me las diga; sepulta las expectativas que tenga de los demás y empújame para adelante.

Por las veces en las que me han criticado, haz que me mire al espejo.

Por las veces en las que haya sentido que me han juzgado, libérame del impulso de ser víctima.

Por las veces en que he cometido un error crítico, permíteme corregir mi trayectoria.

Por las veces en que me he esforzado sin resultados, haz que siga intentándolo.

En contestación a la vergüenza, déjame romper el ciclo, respondiendo sin avergonzar.

En contestación a la culpa, déjame reconocer mis pobres decisiones y escoger mejor.

En respuesta a la fragmentación, déjame recuperar mis pedazos perdidos, integrar y re-ensamblar.

En respuesta a la transgresión de mis límites, haz que instaure unos más efectivos y no culpe a nadie por colarse entre las grietas de mi cerca.

Gracias por la habilidad de tener integridad como lo dicta mi espíritu, y por ser un refugio. Gracias por dejarme saber mi posición y por facilitar que los demás sepan lo que pueden esperar de mí.

Venerando La Observación

Gracias por este día de vigilancia.

Dame la percepción para notar los cambios que suceden en mi interior. Ayúdame a verlos claramente reflejados en mi ámbito. Llévame a las profundidades del templo de mi espíritu para reflexionar sobre el aquí y el ahora, y anticipar los retos futuros. Purifica mis filtros para que pueda entender mi conexión con todos los seres vivientes y encontrar mi lugar en este Universo.

Alinea mis intereses con las estrellas y con todo lo que está detrás de su forma. Ilumíname con el brillo de la contemplación. Deja que examine lo que veo en el piso, antes de saltar a conclusiones, y mucho antes de hablar. Bendíceme con una mente tranquila y desocupada para crear una imagen completa con un enfoque radical.

Al ser testigo del despliegue del mundo ante mis ojos, ayúdame a considerarlo todo en funcionamiento. Engrosa mi visión mostrándome las piezas críticas en movimiento en esta constelación llamada vida. Relaja mi entrecejo. Ayúdame a sostener mi mirada. Permíteme contemplar las transformaciones de la evolución.

Conduce mis meditaciones a producir las quietudes que detectan movimiento. Calma los miedos en mis visiones. Muéstrame la luz y la oscuridad, el progreso y el retroceso. Muéstrame la Unicidad que yace más allá de la oposición de ideas. Deja que me sintonice con todos los canales para depurar discernimientos y valoraciones.

Cuando sea el momento de comunicarme, haz que tenga la seguridad de que me escuchen quienes consideren importante dialogar sobre el tema. Haz que peque por ser breve, y ayúdame a atraer colegas que lo aprecien y puedan contribuir con sus claras conclusiones.

Monitorea los latidos de mi corazón, ecos de mi tiempo en la Tierra. Redobla un tambor en mis entrañas, que una el cielo con el suelo. Ayúdame a estar alerta a las señales de la naturaleza para que yo pueda ser intérprete entre Ella y los pueblos de gentes, demandando que cada uno dé al otro en cantidades iguales.

Venerando La Restauración

Gracias por este día de tranquilidad silenciosa. Doy gracias a la posibilidad de no oír ruidos, de encerrarme para recargar mi voz saludable y oportuna.

Haz que nadie interprete mi silencio como reticencia. Deja que comparta mis monólogos en otra oportunidad, confiando en que las buenas ideas que se me ocurran van a retornar cuando me vuelva a conectar con el mundo.

Comprométeme con la ceremonia de ayunar de lenguaje.

Oprime pausa en mis pensamientos y preocupaciones y ayúdame a desconectarme de todo, excepto de la resonancia radiante de mi propio ser. Conéctame con mi respiración, posicióname cómodamente, y relaja el parloteo de mi mente. Dame un lugar callado para recostarme y disfrutar de lo sagrado.

Descarta mi deseo de arreglar las cosas, de tomar notas, de atar todos los cabos. Ayúdame a colgar un telón de fondo blanco a mi alrededor y soltar mi tensión. Permite que la Tierra absorba todo lo que drena de mí.

Deja que restaure y calme mis sentidos bajo la luna de medianoche, o sobre la arena suave de la playa. Calma el espacio que rodea la caja de mi voz, las manos que gesticulo al hablar, la columna vertebral que se esfuerza en sostener mi cuerpo. Calla el cuarto donde reposo y pacifícame en la neutralidad. Derríteme y enciérrame dentro de un vientre de paz.

Alivia toda interferencia con tan solo un suspiro profundo de aprecio por hospedarme en tan cómodas condiciones para reconstituir mi espíritu. Déjame disfrutar del lujo de esta caverna libre de murmullos y encontrar mi punto de equilibrio. Concédeme descansar y separarme de la charla que compite con mis oídos ávidos. Deja que mis sueños se realicen dentro del albergue de mis ancestros: ancianos que ondean hierbas humeantes sobre mí, mientras recupero la sabiduría olvidada por mi alma.

Cuando aflore, concédeme tiempo para comunicar mi nuevo entendimiento a través del alma de mis ojos frescos. Recuérdame que el sonido no es la única manera de remitir noticias.

Ayuda a quienes son cercanos a mí a sentirse reconfortados con mi presencia, y ayúdame a facilitar que ellos también se retiren a su necesario descanso.

ANOTACIONES PARA EL DIARIO DEL NORTE

¿Dónde siento la paz interior?

¿Qué puedo hacer para unir mi cuerpo con mi experiencia espiritual?

¿Qué se ha despertado en mí?

¿Qué me hace verdaderamente feliz?

¿Qué pasiones he descubierto, que antes no hayan sido evidentes?

¿Cómo puedo ayudar a los que lo necesitan?

¿Qué he aprendido y desarrollado que pueda ofrecer a los demás?

¿Qué más necesito para sentir que hay algo superior a mí, sosteniéndome?

¿Dónde se encuentra mi magia?

¿Cuáles son mis herramientas de comunicación clara más efectivas?

¿Cómo puedo compartir con valentía lo que más me importa en el mundo?

AGRADECIMIENTOS

Estoy muy agradecida por el apoyo infinito para Oraciones de Veneración de aquellos quienes están tratando de sanar el trauma de orar y desarrollar sus propias maneras de conversar con la Fuente Divina. Me siento profundamente agradecida de poder presentar estas palabras al mundo y a aquellos quienes encuentran formas no convencionales de utilizar las oraciones, algunas veces hasta de maneras y aplicaciones sorprendentes. Gracias por su creatividad.

Mi profunda gratitud para Elena Bower, Annie Adamson, la Comunidad Yoga Union, Melody Ross, Kathy Wilkins, Twozdai Hulse, Stacy de la Rosa, Betsy Cordes, Pauline, Cinnamon, Katie, Tiffanie, Mystic Mamma Mijanou Montealegre, Meadow DeVor, Jonatha Brooke, Alexandra Franzen, y para las mujeres valientes del curso en línea SouLodge Sacred Voice with Raven. (Voz Sagrada con el Cuervo de SouLodge)

Gracias, Papá, por ayudarme a decirlo con valentía y rectitud.

Gracias inmensas a Sky Sharp por su compromiso persistente y por creer en este proyecto. Y en todos mis proyectos.

Por siempre y para siempre, gracias a Miles e Ivy por su paciencia y amor. Gracias por tener un interés profundo en la gente y en la Tierra, suficiente para mantener mi esperanza viva por el resto de mi vida.

Cherie Dawn Carr es autora de cinco libros centrados en la autosanación a través de una relación íntima con la naturaleza. Es miembro suscrito de la Nación Choctaw de Oklahoma, E.E.U.U. Escribe bajo el seudónimo Lighthorse, Caballo Ligero, en honor a las voces inauditas de sus antepasados.

Otros Libros de Pixie Lighthorse,
(disponibles en su versión original en Inglés)

Prayers of Honoring

Prayers of Honoring Grief

Boundaries & Protection

Goldmining the Shadows

Earth Is Holding You

www.ingramcontent.com/pod-product-compliance
Lightning Source LLC
Chambersburg PA
CBHW031122080526
44587CB00011B/1076